Copyright © 2023 carlos cervera cruz All rights reserved

The characters and events portrayed in this book are fictitious. Any similarity to real persons, living or dead, is coincidental and not intended by the author.

No part of this book may be reproduced, or stored in a retrieval system, or transmitted in any form or by any means, electronic, mechanical, photocopying, recording, or otherwise, without express written permission of the publisher.

Cover design by: Carlos Cervera Cruz

PRÓLOGO

"No frunza usted demasiado el ceño cuando lea estos veros: me daría una loca alegría si fuera tan amable, querido maestro, e hiciera que publicaran mi poema... Soy un desconocido; ¿y eso qué importa? Los poetas son hermanos. Estos versos creen, aman, esperan: eso es todo." - La vida está en otra parte, Milán Kundera, 1973.

Quien haya tenido en esta vida la suerte de conocer un artista de primera mano sabe bien que el movimiento que ocasionan en un alma dormida no es para los débiles de espíritu. Enfrentarse a los cuestionamientos planteados por vísceras infectadas de dudas, dolores y circundantes procesos, nos demandan un velo que cubra de posibilidad todo atisbo de preconcebido entendimiento.

Apoyar sobre las palmas Diaspora In - Between desde un primer momento se me ha asemejado a sacar el cansancio del bolsillo al terminar el día, en medio de una resolución al excesivo café y la insuficiente cerveza; abandonando los supuestos de la estética impuesta y dándole paso al irrefrenable deseo de llenar al coloquialismo de propia insuficiencia. Existe una nostalgia callada detrás del lírico cinismo que abraza los poemas de Carlos, renegado al veneno social que a sabiendas llamamos natura. Ésta obra es un Himno en contra del racismo callado, de las hegemonías asfixiantes y convergentes, de la rubia xenofobia, de los cuerpos disidentes y solos, de las casas frías y llenas de fantasmas, del cariño corto por ajeno y por propio, de la mierda aquella en la que uno se revuelca cuando mira hacia arriba y ya no le queda nada; ni la traicionera imagen, ni las interrogantes sin respuesta, ni la existencia vacía y mal acomodada.

Carlos le hace frente al cariño que no llega, a la preocupación prematura, a los desnutridos frutos de una cartera floja de amores plurales y repletos del familiar abrazo que lo caracteriza. Me remonta hoy a un Sabines desganado que puede hacerlo todo y no tiene ganas sino de mirar y mirar.[1] Emputado, liviano, suyo.

Ser poeta por ser poeta, ser artista por ser artista, romper las barreras de la desesperación y la angustia sólo porque sí. Fotógrafo. Licenciado. Escultor. Ser la etiqueta de un diploma ahogado en fuegos. Ser aquel hueco ausente de la otredad. Darse la oportunidad de disfrutar estos versos sin pretensión alguna, sin los reglamentos de la doctrina indispuesta, será el verdadero regalo de vivir estas sensibilidades de cerca.
Así es cómo, a través de doloridas narrativas que nos hacen cosquillas, recibimos la vulnerabilidad impresa de un artista que redefiende los amores irreverentes ante La Mujer, ante la vida, ante sus propios vicios; a través de unos ojos que logran hacer desde la expectación, arte.

Este libro es para los que nos vaciamos los bolsillos al llegar a casa buscando nicotina en un verso borracho, para quienes necesitamos reírnos de la opresión para liberarnos el pecho, para los que vivimos el mundo sin prisas. ¿Quién somos todos sino aquel hombre?
Te leo, amigo mío, y ya no llueve; pero chispea.

Gracias por permitirme preceder esta obra.

[1] Referencia al poema de Jaime Sabines: ¿Qué putas puedo?, (1980 - 1990).

Hasta que me echen

Si no quepo en ningún lado, haciéndome largo,
chiquito, flaco, chato, blanco, fashionista,
invisible…
Pues me quedo.
Hasta que me echen…

Total!

No sabe a hogar.
Lo dice quien desde hace tiempo no tiene uno.

Despertar al poeta maldito

Asian flush
Falta de una enzima
Sobra pudor
Condicionamientos hasta en los genes.
Elefantito amistoso
Pituitaria vacía
Arrancarse capas de ser
Tan doloroso como suena
Tan placentero y liberador

Suena a velcro, huele a crudo
Sabe a cerveza…escribe deliciosamente.
¡Despierta poeta maldito!

Blanco, macho, heterosexual, burgués, productivista, intelectual, racional.

Nos repudiamos en silencio querido
desconocido.

Súbitamente llega esta urgencia
Empujada por el necro-capital
Me incita a volverme blanco, macho,
heterosexual, burgués, productivista, intelectual,
racional.
La abismal distancia entre mi realidad y la verdad
no sigue una línea recta…

Beigesito, progre, funado, neurótico, compulso.

Oxigeno para poner en marcha las maquinas y a
todo el personal.
Respirando, gritando ordenes, exigiendo setenta
veces siete, siendo, maquina, chapatis y obrero.

Que modernou

Barbilla de culo.

Deseo morderte la barbilla de culo.
La verdad es que lo hago todo el tiempo
Consenso fantasmal, cadaver exquisito.
Barbilla y culo, que danza, frunce el seno,
Desaparece.

Deseo, morderte la barbilla, de culo.

La verdad es que aveces me atrevo.
A escondidas, entre adiós y buenas tarde,
A mordiditas o en ayuno, extiende el cuello,
Me agradece.

La verdad es que aveces no quiero.

La verdad es, que lo hago todo el tiempo.

Con miedo.

Que poco te amo.

Pensaba que te amaba pero entonces me di
cuenta que te extraño.

Si el amor es el encuentro con el otro ¿por qué
carajos te despojo de tu otredad?
Pero ¿como no?

Cuando te pienso, me siento eterno.
Cuando estoy contigo, me siento pleno.
Cuando estoy por verte, me pongo caliente.
Me desbordas, me hinchas, me haces falta.
Me, me, me.

Mi necesidad de ti es tan grande…que te
embarro de todas mis carencias, sueños y
deseo.
Pero, ¿como no? Te lo pregunto de verdad.

Porque, qué poco te amo.

Mi cuchitril

Adueñándote centímetro a centímetro de mi cuchitril. Con tu luz dimeada a voluntad, dijiste mi nombre y reconocí tu brillo, pero no te pude ver completa , por que tengo un ojo huevón y el otro atento al corazón afectado, de testigo de un percance alineado a mi generación, yuxtapuesto, en conexión oblicua pero natural al viejo continente.

Lubricados con vino, me cegó tu enormidad en tonos violeta y cabello largo, intimamos en .JPG y nos besamos en otra dimensión, fuera del tiempo y espacio.

Despacio… rico…

Mis ojos se atragantaron con la enormidad suave de los tuyos.

No te escuchaba, te vivía.

Nos volvimos místicos, cuánticos…
Creciste tu luz, iluminaste todas mis versiones y te fuiste a dormir.

Hoy mi cuchitril se siente más amplio.

Ciao

Caminas en negritas
Todo tu cuerpo habla.
    Tus ojos, tus pelos, tus comisuras.

Me cuentan de dónde vienes, tanto los dientes
de tus lunares, la humedad de tu humor, como
tus caderas eternas, anchas como el espacio
entre mi Venus en Escorpio y tus lunares junto a
tu boca.

        Picada de hormiga en culo divino.

Planes de tinta en espacios tan seguros que no
significan nada pero importan como lo más, en
cámara lenta por tu bendita presencia.

Cinco dedos juntos meneándose mirando al
cielo, acompañados de historias íntimas en sol
sostenido que vibran en todo mi ser.
Dilatan mis pupilas, hacen salivar mis sueños y
exhalan en tu uña que no crece.

Abrasas con brazos más largos que un día sin
pan, ah pero que rico abrasas.
Que breve en retrospectiva, lo bueno es que
caminas en negritas, hablas con todo el cuerpo y
tu eco resuena en el interior de mi vacío.

Atemporal o futura

Estás aquí, no eres ni de allá y te vi partir.

¿Cuál es el sentido? Preguntaste sacándome de
mi realidad y aterrizándome de golpe.
Respondí con un gesto de la mano izquierda que
te pertenece, pero no te habita.

Te...Ca   ne   pa   ro.

Automático testigo viéndote partir, pensamientos
dialogando entre ruidos de fricción, óxido y
aspereza.

Eco
        Caaaa neee paaaa rooo o o o o.

Luces rojas desaparecen de mis ganas de verte,
de mis ganas de que te quedes un instante
eterno.

De mis diálogos.

Qué dichoso eres. Seguro también pongo cara
de pendejo. Me encanta

¿A que?

Platicar diario para preguntarme cada día

¿Quién carajo eres?

Bendita mi mala memoria, tu naturaleza
cambiante y la luna en tu interior.

¿A que hueles a las 12 del día en mayo?

A espejismo paradójico, pues levitas y tus
palabras pesan 10 toneladas hasta que callas.

¿A que suenas con sandalias y en ayunas?

Suenas a concha dura y carcajada corta, que
deja surcos de sombras largas.

¿A que sabrás?

Me importa sobre todas las cosas, pues no
tengo lengua y tú, todos los sabores.

Te amo extraño y amo no poder extrañarte.

Gravitando en amor

Mazas enormes danzando enajenadas, pues
nunca se encuentran solas.

Sedientos, bebiendo el uno del otro, nutriéndose
de sus miembros fantasmas, de sus besos no
concretados que dejan surcos famélicos.

                A costa, a cuestas, Acosta, gustosa.
                      Can i, Caneparo, cane paro.

Siempre satélite.
¿Será por decisión?
¡Será por decisión!

Te

Te huelo a café recién hecho
Te enchina mi piel
Te calorcito de corazón
Te pellizco
Te cerveza artesanal
Te baño en tina con sal y lavanda.
Te Krishna, shiva, Brahma y Vishnu
Te leer tu poesía
Te Tornamiel
Te celebrar tus logros
Te pronunciar tu nombre
Te devocionar tus pies
Te sueños húmedos
Te comisura
Te medir cuantos labios caben entre tus pezones.
Te desapego
Te sin expectativas
Te revivir el jardín
Te señorito
Te mordiditas

Mi, Mí, Me, Conmigo y Tu, Tú, Te, Contigo

Espectro imberbe.

Espectro imberbe en ciudad de adolescentes.

Escondiéndome del fantasma de mi padre.

Repagando vicios de conciencia laxa.

Cubriéndome con doble menta para mantener
privilegios primermundistas entre escándalo y
ajetreo washawasheante

                                 Dos fumadas y a volar.

Deseando no ser descubierto en plena
transgresión.
¿Quien desea perder la oportunidad del sueño
americano?

Tengo visa y quisiera no quererla, pero, ¿qué
más puedo perder si lo que se juega se
encuentra en un tablero jugado de puntitas?
Apostar uno a veinte cuando uno es demasiado y
veinte no son suficientes.
Donde 40 suena perfecto, prometedor o cuando
menos inocuo.

Ocho por tres al cuadrado y contando.

Bendita dislexia en el país donde el que convierte
no se divierte... o eso dicen.

¿Y esta rosa? Con razón me corrieron los negros
y el que huele a curro, curri y miembro platino
repite de una voz ronca.

                              ¿Whats your move?

Progres arrepentidos, jipis millonarios,
conectades ignorantes con verdades a medias
pero propias.

Mi intención es capitalizar.
¿Será que ya soy gringo?
...
Finishing
...
Same place
...
About to go.

Más de lo mismo. ¿Qué tanto es tantito?

Murciegalo veo

Murciegalo me ven.

Pelado, largo, chueco.

Con la sangre en la cabeza gravitando mis
deseos.

Oscuro entre negro y pardo, al revés.
Pero ese no soy, son los ojos que intentan verme
y rotan.

ROTAN!!!

Te pellizca la vida.

Se pellizcan los labios. Los propios y extraños.
Los cóncavos y convexos, oblongos y tácitos.
Pellizca el zíper, la vulva y el tiempo.
Pellizcan tus ojos, tu edad y tus sueños.
Pellizcas temprano, en minutos y vidas.
Pronto, medio día, enanos, eternos.
Estaciones, tallas, sabores y alimentos.
Tus ojos, comisuras, emociones, pensamientos.
Caminos múltiples, entradas y salidas.
El léxico, nuestra piel, el tiempo y sus tiempos.
Lo apropiado, lo urgente, necesitado y
conveniente.
De empacho, seguido o a momentos.

Apellidos cortos, agendas largas.
Patrias, gobiernos, ideas varias.

Pellizcan duro, muslos chonchos. Chonchos
muslos duro pellizcan.

Cuando apretar se queda corto, cuando presión
revienta ahogado, eterno, comparado es breve.
                        Pellizcar es apropiado.
Miembros faltan para dar empacho, seguido o a
momentos.
Miembros faltan para dar pellizcos, a infinita
cantidad de piel, que ojos vieron deseando ser
bizcos, para repetir a Tornamiel.

Pellizco

Mi voz frente a extraños.
Mi brazo frente a ti.
Mi deseo incluso dormido.
Pellizquitos, pellizcos y pellizcones.
Pellízcame y pellizquémonos.

Qué bonita palabra favorita de la semana.
Que random uso.
Qué útil…aveces.

Por poquito

Coincidir, coincidir, lo que se dice coincidir…

¿A dónde uno llora los sueños dependientes de
la ilusión?

Por poquito

      ¿Qué hora serán en Caneparo?

Bounded vs unbounded no son extremos, son
dimensiones
      ¿diferentes?

(Tres desconocidos atestiguan a un tercero
decir)Brota agua ajena de mis cuencas. Si te
quiero soltar… ¿por qué duele tanto? ¿Por qué
te peleo tanto? Si nunca exististe.

      ¿A dónde se llora los sueños?

En el mundo calderoniano.
Solo ahí.

¿Cuantos cigarros cupieron entre mi deseo y tus
labios?

21 años. Justo entre mi depredador y mi
protector o ninguno.
      Qué elija ella.

Lloro con tus ojos

Lloro con tus ojos
Se me enchina tu piel
Y mi corazón se hincha en tu pecho

Si te miraras como yo te miro
Te derretirías de amor.

¿Que resuena más en ti?

Integrarlo en tu aura
¿Cómo puede integrarse en mis proyectos y en
los del equipo?
¿A dónde quieres ir, dar o comunicar?

Preguntas hechas por un contrabandista de
tabaco, actor, productor de teatro, amigo, socio,
humano.

Mi respuesta es fenomenal, alineada, aplaudida.

Que gran corazón tienes carlos, te mereces otra
cerveza.

Todo se desmorona al señalar con un circulo.
Regular, repack, blackwrap

Equis, después de todo….¿que tanto es tantito?

A dormir sin sueño

A dormir sin sueño
A comer sin hambre
A regalarme sin dueño.

Con las ganas de tener ganas
O de perderlas todas.

Mañana será otro… ¿seré?

En un abril y cerrar de ojos

Entre soles

Entre soles
Tus pezones
Mis pulmones
Mil olores

Dos aviones, seis alcoholes, cien favores, tres
perdones.

Cabrones, mamones, orates, magnates, amigos
y abrigos, las cinco estaciones.

Entre soles, mis planes, tus deseos y sus
desiciones.

Conclusiones, frustraciones.

Entre soles…demasiados pantalones para todes.

Neruda, Lorca, Nervo, Valen verga valedores.
~~Chupemos~~ Escribamos tranquilos.

Entre soles somos amigos.

Tus pezones, mis pulmones, mil olores, dólares y
dolores.

Me pondré borracho

Me pondré borracho por que no sé qué otra cosa ponerme.
No tengo tus manos para saber mi talla de cuello, mi largo de tiro o el mejor tono para mi piel.
Me desnudare en el bar y después de cada sorbo te confesaré lo que ya sabes, pero con peor letra. Letra que intenta ser honesta entre dislexia y desesperación.
Que huele a angostura y suena a barullo de lengua extranjera.

Me pondré borracho entre elogios de extraños que no logran mitigar la extrañeza, la empeoran con la blancura de sus pieles y ojos claros, pero nunca Tornamiel.

Al menos puedo pedir otra desde la incomodidad de lengua materna, en confidencia entendida pero cauta. Hay otros que nos escuchan desde arriba para mirar hacia abajo…

Me pondré borracho para extremar mi incomodidad de tener la piel escaldada por que toca todo menos a ti. Por que el espacio entre el deseo y mi talla las separa el visado.

Me pondré borracho sin miedo a la resaca de mañana, por que esta realidad ya está pasada de cruda .

Comisura

Comisura: Punto de unión de los bordes de una abertura del organismo.

Pero si eres diosa, eterna, infinita…

Co
    Mi
        Su
            Raaaaaaaa

Muchísimes

Hasta merito afuera, las miradas de extrañeza
que pronto olvidan pero continúan pendientes.
Después, una fila de envidiosos que te saben o
me han oído, pero ni te han descubierto ni me
han escuchado, ah pero cómo vociferan. Como
mi grupo de amigos, como nuestro grupo de ex
amores. Como el mundo deseoso de un no sé
qué que ni pa cuándo.
Un poco más cerca guardando distancias. Ellos
ellas y elles, en lo suyo y en lo nuestro, como que
sí pero no, queriendo sin querer. Rompiendo lo
que no está entero, pero presentes, atentos, con
un ojo al gato y otro al garabato, el cual entre
nos… hace tiempo que está vacío.
Es un señuelo, es vacile, divertido, entre tú y lo
conocido. Entre yo y lo posible.

Junto a nosotros el espacio vacío…
Dinámico y atrevido,
choncho, choncho.
Como tus muslos, como mis ganas de besarlos,
como, cómo y te como.
Mucho, muchísimo, muchisimes.

Que se adapten ellos

Soy frijol con puerco, mitad salsa de soja y achiote.
En mi andar conseguí cúrcuma, sándalo y Kum Kum.

En mi sangre hay una mezcla poderosa, en mi visión hay futuro extraordinario. Hay cacao y redención.

Tú no posees pasado propio. Eres el más grande de los pillos, y aun que muchos te hicieron reverencia yo te brindo el privilegio de mi presencia.

Trata de comprarme, intenta corromper mi corazón. Seguiré tu juego y fingiré que ganas, para que al final mis ancestros capitalicen mi actuación.

Que se adapten ellos, se acostumbren a mi olor mientras tosen.
Si creen que eso les molesta, esperen por que viene, vi y a lo mejor…

Nunca te hablé.

La luz de la luna vertía de sus ojos.
Y yo perdido en un cuello eterno entre Kyushu y
Hokkaido.

Nunca te hablé.

Apasionarse

Será liberarse de toda atadura.
Cantar himnos y compartir historias patriotas.
Historias olvidadas, fecundas, de nuevos bríos.

Sonrisas sembrada anhelando paz.

Revolución recordada, adaptada, inventada.
Pero siempre toda… siempre.

Deseosa y esquiva del que dirán.

Invitando a muchos, esquivando a todes.

Cubana pues.

Verano eterno

Mi gestación la viví lento
en la carne primavera de mi madre,
tras dos fallidos otoños,
nací un mayo en un año invierno
y fui la sonrisa de mi padre.

En la infancia no hubieron estaciones
Días, minuto, personas, lecciones
Centímetros ganados a costa de dolores
Bendito el día que escuche de verano
Entre la promesa de años mejores.

Susurros varios trajo el viento
Verano viene más pronto que tarde
Y permanecerá muchos años
Más vale mantenerse atento
O despiertes cuando el corazón ladre.

Verano es bueno, es libertad
Dijeron eruditos y doctores
Verano es para pocos y no lo mereces
Limítrofes dueños de la verdad
Deseando capturar lo nunca visto ni en visiones.

A mi llegaron primaveras
Jugosas, como toronjas
Risueñas como de meses
Todas brincaron, todas viajeras
Volviéndose otoños entre las verjas
Entre mis manos entre mis sienes

Breves, largas, más nunca eternas.

Sumido en invierno pasaron los años
Clavado en textos, escribiendo ensayos
Mi vida verano paso sin ser descubierto
Cuál ladrón, en casa de un extraño.

En mi otoño vivo ancho y sin calendario
Recibiendo a primavera, otoño e invierno
Ya no importa la época del año
Pues por fin llego el verano eterno
Aveces cerca, aveces lejos.
Pero siempre eterno, siempre sincero.

Mi niño Te amo

Te amo con toda mi incapacidad, cuando me
asustas, cuando me retas, cuando me reflejas.
Te amo cuando me odio.
Te amo cuando no estas.
Como a quién un hombre ama y como a quien
una mujer no.

Te amo los lunes y algunos domingos
Te amo consciente o intoxicado o ausente.
Mucho, poquito, inexistente.
Te amo cuando estas, te amo cuando no estoy
Te amo en preterito
Como posibilidad

Te amo con los pedazos de mi deconstrucción
Te amo real o con la imaginación
Con mis espacios, vacío o en empacho
Planeado o estando borracho

En mi duelo y en mi felicidad
Sin miedo y sin culpa
Mi niño te amo con toda mi incapacidad

Hacer otros humanos.

Por puritita inercia, sin motivos "validos"
No para el de la voz.
Donde sobran justificantes…¿cómo encajar un
alma?

Urgencia producto de la escasez, la falta, al son
de estrechez de corazón.

Convertirse en, sin haber sido libre nunca.
Yo digo nunca… por inercia también.
Al final otros me hicieron humano.

Me convirtieron en invalidez sin motivos,
con sobras de voz
                        Que me desencajan el alma

Plenitud es movimiento

Porque el pasado esta muerto y al presente le urge morir para sentir que siquiera existió.

Y del futuro…ni leer ni escribir.

Desde su inmensidad es que nos acordamos de este momento.

La verdad

La verdad es un ejercicio de poder.
Nietzsche dijo.
La verdad es la mentira mas eficiente.

Yo guardo silencio.

Es un espacio otro. Pero es el mismo.

Es él mismo (con acento en la e)

Solitario pero nunca solo.

Solitario pero nunca solo.
Extraño, singular, alienado.
Atractivo, antojable, ancho.

Calderoniano… Onirico pues.

Bendecido.

Quisiera ser un lunar visitante.

En tu cuello, junto a tu boca.

Nuevo, cuarto creciente, lleno y cuarto menguante.

Reconozco que el sol sale a diario.

Dadivoso y al mismo tiempo…dedicado,
selectivo.
Con manos tan grandes que necesitan ser todo
menos multitareas.
Así que siendo uno de sus menesteres, ese sol
no sale solo para mí.
Sale a diario, como mi necesidad de su luz, me
alumbra, aveces sí y aveces no.
¿cuántos no?
Quisiese no llevar conteo, pero la necesidad me
obliga a notarlo.
Pero, ¡cuando me ilumina!…

Limitando al sol con mis necesidades diarias.
Disfrazo la hondura interior de filosofías tiernas
que rallan en lo diabético.
Al final siempre gano, rebasando lo mercantil.
Nuestro coincidir supera el lenguaje.

Iluminas a lo comunista.
Deseo llevarte más allá de la derecha.
Mírame, míranos, no me olvides.

¿Cuanto por tu luz?
Creo no me alcanza… pagare otra cerveza.

Azul y rojo y azul y rojo y rojo y azul.

Te repito que quisiera ser un lunar visitante.
Gravitar a 120 grados entre tus pezones y tus
memorias.
Ambas tropicales, lejanos, ambos simétricos
pero extraños, ajenos,
                    más que nada…desconocidos.

Como mi miseria y yo.

Preguntándome ¿qué deseo?
Responder que otra igual, todo en ingles, para
rematar con un mexicanísimo "de nada".

Lejos pero no tanto.
Parecidos pero no iguales.
Uno, pero distintos.
Azul, rojo.

Me cago de ganas de tocarte y que el tocarte no
transgreda tu paz.

Deseo encontrar coincidencia, interjección, entre
mis deseos y los tuyos.

Fuera de tiempo

Sombrero, chamarra y pantalón de mezclilla.
A canto, solo y tratando de ser imitado.
En pleno verano que parece verano y se siente
extraño.
Aquí haciendo lo mismo, pero diferente.
Con visa.
Sin dinero.
Con mis pendientes.
                extranjero.

El sujeto esta sujetado.
La causalidad de las cosas.
Cuando te das cuenta que el libre albedrío no
existe, la libertad te cae como una tonelada de
ladrillos.

La neta…
La paso bomba.

Topesitos.

Eres como los topesitos del acotamiento…
Te despiertan justo antes de que te mates,
matarte o matar a alguien.

¿Que somos si no inercias intentando encajar en
un rompecabezas ajeno e incompleto?

A una sola tinta, monocromo.

Creyendo ser la diferencia, la pieza que dé
sentido a lo que no tiene ni principio ni fin.

Dios eres tu y también

Dios eres tu y también somos todos
(Y una sirena me trae al 3D)

He estado ahí amigo…

Donde lo que uno dice no encaja con lo que se
expone, lo que se ofrece o se intenta ofrecer…
mejor dicho.
Donde el querer ir, viene de la huida, del no
querer. Qué fácil es desasociar, qué sencillo ,
delicioso, es conectar con lo que llamamos
"divino"
Pero descubrimos con el tiempo y su
atropellamiento incesante que, para los ángeles,
apestamos a carne, sudores y dolencias
Divinos…sí.
Pero no existen atajos ni almuerzos gratuitos,
solo experiencias.
Si no…¿pa qué estamos?
El despertar es una miel amarga, que supera
cualquier papila.
Entre el quedar afónico de dolor y éxtasis.
Como un fogaje…duele rico.
Sube y de la nada…te aporrea, con el peso
equivalente a la velocidad de tu intento de huir.
Espaciedad entre subida y una inminente caída
al aquí y ahora… que le dicen.
Cargando el peso del conocimiento universal.
Que gran peso.

Siento que es emocional

Tres enanitos en mi mano izquierda.

Visitantes incómodos, presentes siempre en el
fondo de mi atención.
Me sentencian siempre con sus vocecitas
pellizcadas
                - algo estás haciendo mal, culposa-

¿Por nacer mujer? ¿Por reclamar mi libertad?

Hoy me visitaron sin aviso, como siempre…
Me incomodan más que nunca.

Siento que es emocional…

Paradójicamente no dejo de sentir.

Me niego a rebajar las emociones.
Qué de enanos ya estoy hasta la madre.

Eres empacho

Amo a mis ojos y por eso te los regalo, por que
tengo oídos y la esperanza de coincidir, aunque
tiemblan ante la frivolidad del quizás, amo tu piel,
por eso renuncio a la mía, pues mi nariz te ha
olido, cruda, viva, sutil, siempre divina,
demasiado.

Renuncio a todo, porque eres empacho, pero no
a la intimidad por que esa no es mía ni de hoy.

No hay tono de voz

Detesto las voces agudas, condescendientes, fingidas, buenistas.
Son la santidad, la alegría, la bienvenida de señora.

Cuando se posee la verdad, no es necesario gritarla.

A ti y a tu pitido nefasto que puedo escuchar a tres cuadras, a tres pueblos.
Y sin embargo no me dejan entenderte nada.

Te aborrezco sin quererlo, qué desagradable es tu timbre de pose.
Y no es que tu timbre sea lo más horrible, es peor que ni siquiera sea tuyo.

El peor timbre de voz es el que busca caer bien, el que finge.
No es voz, son un ejercito de diminutos enanos con cuchillos

La vena verde e hinchada de tu cuello te delata, a punto de reventar.
Como yo, como mi pituitaria…

Yo pellizco mi voz como tú.

A mordiditas me voy llenando.

A mordiditas me voy llenando.
Este que come una vez al día.
El que ama pellizcar y todas sus conjugaciones.
Glotón y asceta, incongruente, más bien voluble.

Pero enemigo mío, descubrí una enorme
diferencia…
Pellizca el que no tiene dientes y muerde quién
mudó los de leche.

Mamón, ¿a mi edad? A veces
Un gusto adquirido las pequeñas victorias de
luchas lepanteanas.
Cuarenta mil muertos y una caricia de tus
carcajadas para mi vista cenital.

A mordiditas te voy probando, gigante de un
metro y cincuenta y ocho centímetros.

¿Escribirán de nosotros?
¿Escribieras de mí?

Y lo que viene …

Mediocre

Hoy no escribo en cursiva
Pues deseo escribir conscientemente…

Des pa cio.

Con las voces de mis muertos.
Con la letra de los que supieron.

¿Por qué soy artista?
Porque no puedo ser otra cosa y valla si lo
intento.
Mediocre, huevón, inconsistentemente
sacrificado.

Sé tanto, que sé que sé muy poco.
Desconozco de tanto
Tengo tantas ganas de conocer, como las de
recibir un balazo en la cara.

El clóset espiritual, el clóset, no existe en ingles.

No soy nadie…bueno, un mediocre.

Pensar que pienso

Creo que creo, despierto y estoy vivo.
Siento que siento, te busqué y miré mi bajo
ombligo.
Creo que siento, hondura, estrechez, lleno.
Siento que creo, estás ocupada, pero estás.
Veo, huelo, toco, oigo y pruebo.

Pero al otre… mejor, luego.

Creo que veo.
Siento que huelo.
Veo que pienso.
Pienso que pienso.
Pienso que creo.

Vertigo de oído interno.

Tú, ¿como estas?

312

Una a las once de la mañana.
Incómodo permitirme la licencia.
                    ¿Será muy temprano?
Invitación urgente a reparar lo que llevó tiempo
emocional.
                    ¿Será que ya es tarde?
Intento desacelerar la vida un poco, extendiendo
brazos, piernas y platicas apretadas contra el
viento… en caída libre.

-tres, dos, uno.
-dos, uno, tres.

Edadismo capitalista intentando jalar la imposible
sabiduría y paz.
Joveneando a quienes nacieron a tiempo,
intentando reducirles con retórica y gritos
violentos.
Nos vemos a la una, abrazos amigo. Equilibrando
un mensaje con once horas de diferencia y al
mismo tiempo.

-uno, dos, tres.

Posponemos el regreso, ¿qué son diez días?
Unas tres razones o menos para volver.
Infinitas posibilidades de imaginarios aquí y allá.
Sacrificándome de nuevo o de viejo más bien.

Es hora de ser numero non.

Todo me sale bien

Todo me sale bien…
Sobre todo cuando me sale mal.

Qué pinche suerte.
A pesar de mí, todo cae en su lugar.
Choncho, singular, solitario pero nunca solo. Un
lucky charm.

A pesar de mi.

Visentir

Amo sentirme amado por ti.
Que buscas puerto en el que quemar tus naves.

Que buscas…¿Qué buscas?… intimidad en un
mundo de cobardes

Dame una razón o mil para no amarte, te reto a
romperme el corazón.

Imposible!

Nos pertenecemos a todos.
Nos regalamos todo el tiempo.
Retornables.
Uno.

Visentirte

Luz en mi pecho

Siento luz en mi pecho.
    Resultado de Serendipia inesperada.

Con las manos llenas y dispuestas a dar.

Experiencias que rebosan, personas sin
sombras.
Caricias del alma.
Ensanchando mi ser, encogiendo mi nombre.
Agradeciendo desde el futuro esto que es
infalible, a pesar de mí.

¡Que hermoso!

Sé que sé, no sé qué sé, ni necesito saberlo,
pero sé.

Un día de esos

De pluma engarrotada.

Que frustrante es que la mano no responda
A la demanda de tantas emociones acarreradas.

Ideas torbellino, difusas pero reales-

Apretujadas, buscando fecundar fantasmas.

Constipación, con ganas de desfogue.
De cualquier cosa.

!Que cosa!

Lucir ocupado

Frunzo el ceño y garabateo en un centenar de hojas.

Miro al techo como buscando algo.

Pero no planeo encontrar nada que no sea el vacío.

Solo no quiero ser molestado.

Refresh al buzón de correos.

Cocina y cigarrillo.
Caminar apresurado al fondo de la bodega.

Regresar evitando repetir el recorrido.

No deseo responder tus preguntas.
No deseo interesarme en tus balbuceos.
No quiero hacer ni puta madre hoy.
Me niego a alimentarte quimera, arpía
desgraciada... amigo.

Solo quiero lucir ocupado.

No recuerdo.

No recuerdo cuándo.
Pero sé que algo se me perdió.

Me hace falta.

Tanto que me falta el aire.
Tanto que paraliza, el hacer.

Pero, ¿dónde buscar?
Si ni siquiera sé que busco.

Ayer pensaba en hacer un anuncio y ofrecer
recompensa:

¿Lo ha visto?
Como señas particulares…
Me anda buscando también.
No responde a ningún nombre.
Anda desnudo.
Padece de sus facultades mentales.

Relleno

¿Te conte que se lucir ocupado?

Inventate algo pronto

Pues el momento se acerca, prepárate y
mantente alerta.

Afilado como cuchillo.
Rapido Como flecha.
Contundente como la muerte.

!Ya te calló el chahuistle!

Im making the strategy for the poll...
And finding the best way to promote our events.

La libré por ahora.
Invéntate algo pronto.
Volverá a preguntar.

Woosh

Rojo carmesí sobre negro casi morado.
Pierde una capa, pide una copa.
Descubriendo playera en escala de grises.
Toda su atención sobre otra alma que le regresa
una mirada vacía.

Que vacía suena entre tanto escándalo.
Duele… a mí, por que a él le desespera.

¿Para qué nacimos?
Muramos ya.

Espera… sonrió
Ahora ríen.

Te quiero sin querer

Sin querer te quiero
Paradójico querer compartir esto que viene y
viene bueno.
Sería diferente contigo aquí.
Sería diferente, pero no tanto desde afuera.
Pero desde aquí, inexistente.

Estoy borracho.

¿Lo estaría si estuvieras?
¿Estuviéramos? !Estuviéramos!

Otra realidad.

No creo poder descifrar lo escrito, mañana.

Deje mi sombrero para salir a fumar.

Deje mi sombrero para salir a fumar.

Como prenda de buena fé, para tranquilizar a los que sospechan.

Nadie me lo pidió.
Ni me fuman.

Pero no me sale hacerlo diferente.
Que oso por no hacer el oso.

Entre el poeta maldito y el adulto responsable surge una pelea titánica.

Entre el poeta maldito y el adulto responsable, surge una pelea titánica.
Rayos, centellas, ruidos estruendosos y demás adjetivos de mis caricaturas de infancia.

Entre el artista y el Hartista, entre el sensible y el sensibloide, se encuentran luchando entre mis dos orejas.

Rayos, centellas, recorcholis, recaspita.

Porque el corazón está ausente, tiene ido.
Conflicto- mañana me espera algo lindo, pero…
¿si ahora la paso lindo? ¿No merezco ambos?
Necesito miembros biónicos.

Carece de barbilla

Es por esto que intenta compensarlo hablando.
Con voz grabe.
Con gorra pa atrás, cool que le dicen.
Camisa sobre playera, novia evidentemente
hastiada deseosa de salir corriendo, como yo.

¿Como carajos le hará para Doblar las sábanas?
Claro, ella lo hace… no por mucho

Te dije carlos

Te amo carlos
Te dije Carlos por que es muy serio este pedo.

Leí, crecí, me reproduje y morí, para comenzar a vivir.

Hoy rebosa el amor

Me llega de todas partes y me empapa.
De arriba, de ayer, de nuevo.

Llena de luz mi pecho y comisuras.

Me desborda aun teniendo el cántaro
agujereado.

Que bendecido, que atrevido, mal visto.

> Aveces descubro personas que quieren amar
> menos.

Me entristece

Amemonos todos, bonito, sin miedo, sin
carencias… con todo
Con todos.

Ven

Somos un equipo
No podemos separarnos tanto tiempo

Si supieras que te siento aquí, cerquita, mas que nunca.
20 días amor.

Me disuelvo.
VEN AHORAAAAAAA.
QUEDATE AQUI.
O espera a que me valla para irte.

Por aqui pasan muchos novios

Los recién casados, con sus atavíos de sueños
primavera.

Vestidos, credos y razas varias.

Lo unico permanente es el spot de la foto.
Ese espacio entre edificios bonitos, brilla más
que el resto de Chicago.

Qué suerte ser edificio y no saber de
estadísticas, promesas ni estaciones.

Poniéndome al día

Todo tan de prisa
Rápido, rápido, rápido.
Trabajo uno, luego al segundo y así hasta el error
404
Crecer, retroceder, tres palante y y uno patrás.
Vals con tempo sajón.
Soñando, anhelando, construyendo
derrumbando.

El pedo de la deconstrucción es…
¿Que hace uno con los pedazos?
¿A quienes se los reparte?
¿Quienes están dispuestos a recibirlos o los
escondemos debajo de alfombras ajenas?

Uno para ti.
Dos para ti.

Sobran sesenta y doce
Ahora nos ponemos al día.
En chinga.
Estirando la liga, disfrutando cada centímetro
¿pulgada, libra, onza, kilo?
Que chistoso el tiempo, el ritmo y los espacios.
Que bonito extrañar.
Que DIVINO no ser un extraño.
Ponerse al día es PONERSE

Soy poeta

Quiero gritar de repente…

SOY POETA…

Por eso me siento en la barra, solo.
Por aquello pido cerveza y me rodeo de papeles.
Soy poeta… créeme.

Por que estoy solo, escuchando en un idioma y
hablando en ninguno, garabateando en todos.

Soy poeta, bebo alcohol, garabateo en papeles,
pero no tengo los requeridos.
Ninguno es verde y los blancos son robados.

Soy poeta
No estoy solo, no soy ilegal, no soy moreno, no
soy raro, no soy todo lo que me digo cuando
estoy cansado.

Estoy cansao papito

Me duelen los miembros, los brazos de mis dudas, los dedos de mis sueños y cada coyuntura de mis promesas.

No sé si mis falanges tienen la paciencia de Buda o la necedad de mi abuelo.
El millonario que sin darse cuenta trabajó para otro y murió solo.

¡Sin darse cuenta!
¡No mames!

Estoy cansado papito.

Agotado.

Arrinconado.

Parado de puntitas tratando de respirar, silbando en la oscuridad.

Levantando mis anhelos con dos manos astilladas, inflamadas de mi incapacidad de frenar, de mi necesidad de complacer.

Estoy cansao papito de esta serie de desiciones sujetadas, acabado.

El ácido láctico no me permite aferrarme como de costumbre.

Me duele apretar mi pluma, me duele levantar mi tarro.

Estoy cansao chivás.

Esto ya lo sone

Mientras escribo a un segundo de quedarme
dormido.

Esto ya lo vivi

Están colapsando multiples realidades.
Multiples culturas.
Deseos, planes, prioridades y egos.

Cataclismo, fusion o asimilación.

¿Cuál de los gemelos se comerá al otro?

Por fin

Consiénteme amor

Esa es mi misión

Mi misión es hacerte reír, cuidarte y darte mil
orgasmos.
Es una buena misión.

La mejor del universo.

Te amo, soy tuya.

Somos nuestros, uno.

Somos nuestros.

Y compartimos tanto nuestra individualidad
siendo tan idénticos que encajamos como
ninguno.

¿Ya escribiste un poema sobre esto?

Está sucediendo.
Que hermosa la vida, que hermosa tú.
Just in time.

At long last love has arrived.

Por fin.

Ritmos

ESTRUCTURA OSEA.
TEMPERATURAS, TEXTURAS, OLORES.
Me re encantas.
Eres mi premio…eres…

Más aya del lenguaje.

Qué dicha para un disléxico.

Que día tan horrible

Que digo horrible…
OMINOSO
Y TODO POR QUE NO DOY EL Ancho.

En verdad que soy un masoquista.

Todo lo blanco lo demanda.
Toda mi morenéz lo intenta.

No tengo mas mejillas que poner… menos
nalgas.

¿Será que son ellos los que están muy Guangos?

Una de cal por 6 de arena

Una de cal por seis de arena…
¿O como era?
¿Diez?
¿Dos mil?
¿Sesenta y doce?

Eeeeeequis, ¿quien está contando?

¿Quién quiere llevar la cuenta?

                    Bartender, La cuenta por favor.

Verga que caro es Chicago.
De huevos pero Caritzimo .

Hoy me duele todo

Me duelen los brazos por no poder decir que no.
Me duelen los planes inconclusos
Las piernas y rodillas… más sabiendo que
mañana toca caminar.
Me duele saber que hay gente que no puede
hacerlo.

Me duelen los mendigos y mi frustración de no
tener el dinero que deseo, pero sí mas que ellos.
Me duelen sus frases repetidas y que a mi amor
le duelan las mias.
Me duele no saber más palabras.
Me duele no poder entenderte, entenderme,
entender nada.

El pelo, las uñas y la chamarra.

Me duelen mis 41 años y el hubiera.
Me duele mi dislexia, saber que desconozco
tanto.
Me duele no querer saber.
Me duele entender que crecer duele, me duele
querer crecer.
Me duele todo.
Lloro de dolor y llorar me duele.

Traigo el sentir escaldado

Caminare sin rumbo… Un ratito más.

Gallo, gallina, piano, pianito.

Sorteando cuerpo, señales, autos y mendigos,
tan pobres que sólo poseen una sola frase.

La misma y la misma.

Con las fuerzas que les quedan, con urgencia,
escaldados, breves… para mí.

Duelen tanto, hoy más que antes, se hace
insoportable, repetitivos y breves… iguales…

Como yo.

Raro

     Hubiera odiado un momento raro.
Dijo el raro de al lado, quien "casi" se va sin
pagar.

Me mama lo raro.

Como la muerte de un payaso.
¿Doblemente trágico? ¿Trisagico? ¿Riorrible?

Como inventar palabras "sin querer".
Como usar comillas, comas, tres puntos y
sinónimos.

¿Incorrecto?
¿Como hacer preguntas?
Sobre todo a quienes nunca conoceré.

Me mamás, raro.

No sé qué bajó.

Estaba en el bar de "siempre" y como "siempre"
salí a fumar.
Casi como siempre.

Es que "ya me conocen"

En esa ocasión no deje prenda para defender mi
honor.
Ni sombrero, ni mis papeles ilegibles.

Afuera…fumé… me pego el frío… lo noté pues.

No sé si bajo la temperatura o mi inseguridad.

¿Ninguna?

Escribe sobre Courtney

[11:08 p. m., 27/10/2022] Carlos Cervera: Por eso me mama la vida y su rareza
[11:18 p. m., 27/10/2022] Carlos Cervera: En la mesa detrás de mi, hay un grupo de onvres versión anglosajona hablando de la actividad sexual de una tal sherryl (seguro así no se escribe su nombre) me siento en una chick flick…(dijo el onvre moreno)
[11:18 p. m., 27/10/2022] Carlos Cervera: O sea yo

[11:19 p. m., 27/10/2022] Lorena Acosta: Diles que es de mala educación decir esas cosas frente a hombres morenos
[11:29 p. m., 27/10/2022] Carlos Cervera: Grave el audio de la conversación
[11:29 p. m., 27/10/2022] Carlos Cervera: Ojalá se escuche
[11:29 p. m., 27/10/2022] Carlos Cervera: Ojalá me acuerde
[11:29 p. m., 27/10/2022] Carlos Cervera: O no
[11:30 p. m., 27/10/2022] Carlos Cervera: Ah y el nombre no era sherryl, era Courtney. Que onvre soy

[11:33 p. m., 27/10/2022] Lorena Acosta: Fue lo más macho que pudiste haber hecho

El último y nos fuimos

Con expectativas flojas

Llegamos

Mas por inercia que por amor al arte.
Viendo rostros luminosos que reciben de vuelta
el rotar de los ojos de mi alma.

Me da pena diminuta no encontrar nada en mis
reservas de amor.
Me encanta tener toda mi atención en Jade.

¿Pero y los lastimados?

Mejor dejarlos tranquilos…
Arrancar el curita de golpe y porrazo.
Pues… nació muerta la criatura.

Se gasto lo que se vendía

Se gastó lo que se vendía.
                    Es que se vendia varato.
Y el costo cada día más alto.

La inflación del buenismo.

Mejor atiendo mi negocio de Peto.

Los quejosos

Como la caca de paloma.

                                Ni huelen, ni apestan.

Mi, mimi, mimimi, mimi, mi, mi, mi, mimi, mimi,
mimimimimiimi

Ya no lucho por descocar…
Pues nadie sufre más que el yo.

La trifecta

Puño, patada y cabeza.

Objeto, mano, cabeza.
Mano, boca, pie.

Tan divertido suena.
No lo es.

De esos dias asquerosos

De fractura de eje.
De los que sacan lo creyente de no sé dónde
Y de donde puedes, pues el no poder nada te
hace sentir perdido.

En la noche oscura del alma.
En la profundidad de la ceguera de un corazón
que aprieta las muelas.

Zombificado, corriendo sobre mojado dentro de
un sueño.
Persiguiendo despertar mientras te persigue algo
que ya está dentro…

¡Cómeme de una buena vez!
Por favor.

Amor, apapachame

Con letras y sueños.
Nuestros deseos me llenan.

De vida.
De energia.
De luz en mi pecho.

Cierro los ojos, abro los brazos y camino con una
confianza enorme.
La del hogar.

Tantos números

Tantos números.
Con los que se tiene que convivir.
Compensar es complicado.

Cantidad obsesa de cosas a recordar
Generan toneladas de garabatos y disgustos.

Inagotable necesidad de enfoque, que no tengo.
¡Esta vida es para super humanos!

¿Super heroes o villanos?

Buena mar y mejores vientos

-Capitán, reza por mí.
   -¿Por qué?...¿Está todo bien, necesitas algo?

(No, solo siento que usted esta mas cerca De
Dios que yo, porque está cerca de morir)

Obvio no se lo dije, solo lo pensé con vergüenza.

-Todo bien, capitán
         -Siempre rezo por mis hijos.

...vergüenza, VERGÜENZA

EN ORDEN

En orden para colocar de nuevo…

El maldito tornillo suelto de mis lentes, necesito mis lentes.

Porque no veo una mierda, porque me encuentro solo, porque nadie se entera, porque no pido ayuda.

Necesito no necesitar.

Podría no necesitar…

Pero mi vida estaría incompleta…Trunca y de a poco, disminuida.

¡Carajo! necesito detox de tragedia.

Se artista

Lo soy…Pero ¡Que vergüenza!

Y sin embargo uno rebosa, transpira, o cuando
menos… "liquea"
A gotas o flujo fijo, siempre dejando rastro.

Pero, ¡que vergüenza!
Andar por la vida apretando el culo y aun así
cagarla en colores.

Peor sería que ni siquiera apestara.

Siena tostada en el pecho

Mezclado con con ocre y bermellón
Sobre una base de carmín y blanco de titanio.

La paleta está lista
El artista ausente y ningún lienzo disponible.

No puedo oler, quiero mirar pero mis ojos no.

Estoy hecho un desastre.
Que vergüenza permitirlo.
¿Qué hacer con todo este material?

Me encanta mi letra

"Culera" "chueca" "ilegible" y desigual.

Me representa
Me ENCANTO

Amo que me cuentes

Me siento ahí.
Que lo vivo.
No como testigo, en primera fila.
Más como parte inseparable.

Nuestros.

Lleva diéresis

Vergüenza lleva diéresis.
Dos pinches puntitos germanos.
Insignificantes y al mismo tiempo con el poder
de cambiar el significado de todo.

Que verguenza...Já, completamente otra fuerza
¡Inclusive contraria!

Que vergüenza
Vergüenza lleva diéresis.
Me lo dijo el auto corrector.

Que vergüenza
Así fue como lo noté.

Que vergüenza
Estoy escribiendo sobre eso.

Que vergüenza
Mañana se me va a olvidar.
¡A la vergÜa!

Entre

Entre las palabras creas poesía.
Entre las notas, música.
Arte entre los materiales.

Y amor entre tu, yo y los otros.

Hoy te necesito mas que nunca,
mañana un poco.
Pero diario te encuentro y procuro.

Tan intermitente tú.

Estoy aprendiendo a tenerte y soltarte.
Encontrando tus ritmos, nuestros ritmos.

Como te amo.

Que enorme eres.

Te habito, espaciedad.

Es pa cie dad.

Este como los demás

Este como los demás…
Habla sobre mí y es para un otro.

Tal ves se encuentren algún día.
Pero nunca coincidirán y que bueno.

No me importa realmente.

Cuando se tiene la verdad no es necesario gritar.

Uno escribe para lo sutil, que siempre se
estremece.

Las putizas ensuavizan la carne

Las putizas ensuavizan la carne…
Me queda clarísimo.

Tan tierno me vuelvo cuando mas hambre tengo.

Hecho a fuego…já…dice.

Embeces me doy asco

Después de haber probado el nectar divino.
Me veo aterrizando en la cruda realidad.

                              Putazo a velocidad luz.

Que dificil, insoportable.

Que rápida y recurrente la idea de encontrar un
atajo. Punto y final.
Hacerle caso al suicida en potencia...¿Al
cobarde?

La vergüenza puede mas cuando embeces me
doy asco.

                    Imagino a dios rotando los ojos.

Mi barman armenio.

Mi barman de hoy es armenio, pero me hablo en "español" los esclavos hablamos el mismo idioma..

Ni se si es armenio…. No importa, el es más poderoso que yo.

Su nombre es marcos y lee el mío en mi tarjeta.

Profundidad

Mientras más profundo se es, más cauto se vuelve uno.

Al descubrir lo complejo de todo, te das cuenta de lo poco que sabes, aún conociendo tanto.

Tanto, tanto hay ahí.
Que constipa la necesidad de compartir.

Creo que la profundidad no hace ruido, pero si que hace eco...

Creo que creo eo eo eo o o

Catarro, me dicen

Me escurre la nariz…

Por que estoy repleto.

> Rebosante.

De "revolution" estreñida.

> Cansada.

De lengua mordida.

> Contenida, lacerada.

De llantos embusteros.

> Mártires, fin de semana.

Por algún lado tiene que salir,
Tenemos que salir, escapar…¿nos?

> Por algún lado.

Igual y solo es catarro.

> Me digo, me dicen.

Me escurre la nariz.

Caminos de sal

Ando caminos de sal.
Flanqueado por blancos estáticos en donde
otros dejaron sus fantasmas.

Tiritando y no solo de miedo, pero solo, pero no.

Pues te procuro y te encuentro llenando la
distancia.

Con la energía que queda al invertir todo en
nuestros sueños, fantasmas que dejaron huella,
tiritando y no solo de miedo, al andar sobre
caminos de sal.

Nunca solos, nunca de miedo.

Hoy recordé que tengo madre

Ella, quien más amaba el verano, su verano,
el nuestro como reflejo,
el recinto preciso de estación de antaño.

Y por supuesto…descanso.
A tanto merecido descanso.
Descansar de tanto parecer.

De tanto intentar convertirse en lo que NO
necesitábamos.

Frágil, de lento crecer, de incoherente,
incongruente protección.

Pero lo amaba, tanto lo amaba.

Como a sus conchas abanico, escasas como su
descanso.
Frágil, de lento crecer, de incoherente,
incongruente.

Pero las amaba, tanto amaba sus conchas, como
yo complacerla.

Cuando el tiempo es largo siendo niño,
Invertí atardeceres eternos de baja mar a buscar
sus tesoros.
Para ella, quien más amaba el remanso.
Para mi madre, para su amor, por que las amaba.

Un huracán se llevo la casa, si aviso, repentino,
como aquel borracho a mi padre poco después
de reconstruir la casa y sus conchas.

Papá murió.

La necesidad se llevo la casa, junto con las
conchas de mi madre.
Junto con mis ganas de complacerla.
Lavadas con sal de mar y lagrimas.
Como te paso o pasara a ti.
Y la concha de tu madre.

Nitofilos

Bonito palabra

Me encantaria poder.
Pero tengo fuga.

A treinta mil pies de altura

A treinta mil pies de altura.
Pero yo solo se medir en metros.

A cuatrocientos kilómetros por hora.
Tan solo deseo cinco centímetros más de
espacio.

Un armatoste de metal hiperbolizando en mi
búsqueda de sustento.

Alejándome de ti para poder acercarte,
hiperbolizando.

¿Quién quiere cacahuetes?

Así, nada me maravilla.

Algunos mojados… otros ya empapados y yo.
Hiperbolizando.

Preguntándome…
¿Quien escribe mi vida?

Sádico.

Maravilla te amo.

Me emputa

Me emputan los aviones.
Me emputas tú.
Me emputa el equipaje de mano.
Me emputa el baño inundado.
Me emputa pagar $69 por cerveza.
Me emputa esta aerolínea.
Me emputa querer otra cerveza.

Me emputa emputarme.

Despierta el poeta maldito

Despierta el poeta maldito en casa.
La nueva casa, el hogar.

Sale de la caverna para entrar a otra más grande.

Limpia, ordenada, cómoda…
                              Conveniente.

El poeta maldito juega el juego con hastío.
El poeta maldito insoportable, kunderistico,
mamón.

Paranoico no critico, solo critica en lo cotidiano,
en lo banal.
Farsante, crudo…¿real?

                              El que observa está.
                          El del medio se asfixia.
                              El observado es.

Duerme poeta maldito.

Creo que estoy teniendo otro ataque psicótico

All I wanna do is taking my day

Que nervios practicar para ser chicano o parecer.

¿Cuánto faltara?

Hagamos un checklist.

Western union…check

Suertudo hijo de puta

¿Qué ven en ti?
¿Qué has hecho de bueno?
¿Cuándo?

Tentado, tanto, tanto.
A cambio de no sé qué.

Suertudo hijo de puta.

Disfrútalo
Es para y no por ti.

No soy tu enemigo

Dijo Kamal
Dijo Lorena
Dijo jade

¿Contra quién y por qué lucho?

Si no hay amenaza contra mi integridad.
Si me aman.

¿Sera por que les amo?

Suena bien

¡Suena bien!…Dijo Pavel
Justo lo que buscaba el pensamiento.

                Cuando intuyó que soy artista.

Suena bien, se siente bien.
Y tocaron…

Se siente bien y suena bien.

¡Que milagro el arte!
Necesito más.

Y crearon.

No estoy sordo

Tengo oído selectivo.
Mas bien el oído me tiene.
Y, ¡que bueno!

Pues hay tanto escándalo y el día cada vez más
corto.

Como mi interés por el juego de escoger qué
escuchar.

No definirme me define

Uno entre millones.
Este y luego el otro.
Por esto o aquello.
Así, asado, nuevo, inventado.
Si soy multitud.
Soy sinfonia.

Terreno fertil

Arranques creativos.
Creaciones mentales y flujo sostenido de
canalización artística.

Eso pasa cuando te rodeas de artistas.

Bukake, orgia, gangbang.
Sublime y extra corporal.

Escribir sobrio

Sólo si no estoy…

Los dinosaurios se extinguieron por correr con tijeras.

Recordé que los dinosaurios se extinguieron por correr con tijeras.

Yo en plena revancha contra los conquistadores.

Que bueno que vine

¡Que bueno que vine!

                                   (Concluyo siempre)

Mas sin embargo nunca quiero ir.

Necesito variedad

125

Libertad, placer y crear.
Crear, cre ar.
Ne ce si to

En el país de la libertad cada día tengo menos.

Señales claras

Trenes que se atraviesan.
Deudas que crecen.
Distancias y tiempos que alargan la fila.
Promesas que enflaquecen como mi palabra.
Conciencias que se laxan.
Canas por todas partes.
Extrañeza.

Puto el síndrome de Estocolmo.
Puto el que lo lea.

No seas como el pic

Bicho nocturno, chupa sangre.
Esperando la penumbra y tu momento más
vulnerable, ausente de consciencia, inmóvil…
para BESARTE.

¡Sin que lo sepas!

Pero te enterarás.
Con el mal de chagas.
Que te roba décadas.

Usando el amor y sus símbolos.

No sea como el pic.

Eres encantador

Eres encantador.
Como el flautista de Hamelin.
Eso me convierte en una rata.
Así es, a eso me reduje…
Una rata.

Pero es que eres encantador.
Y yo bailo, brinco y produzco para ti, para tus
tretas y punterías.

Mientras lloro, sin poder parar… de bailar.

Mientras la lucha interna me desgasta.
Aveces de a poco, casi siempre de a mucho.

Annie lo siento por ti.

Crea

Crea
Cree
O
Correa
Y
Muere

Ya no llueve pero chispea

Infinidad de pequeñas navajas,
cortando mi nariz y orejas.
La sombra de mis ganas y sueños guajiros…

Ya no llueve pero chispea.

En la ciudad de los vientos.
Sobre una senda no elegida ni mucho menos
acogida.

Caminos laberínticos y yo soy una rata…
Perdiendo las orejas, la nariz y la vida.

Empapado, congelado, desfasado.

Los elevadores huelen y tiene olor

Cuando dejes de creer

Cuando dejes de creer…Crea.
Descubrí lo que se tiene que hacer.

Cuando la vida me aprieta.
Cuando el tedio rompe mi cielo.
Cundo la estrella besa mi frente.

¡Crea!
Creo.

Combo Cheva

Nos volvemos aver.
A 10000 pies entre résidentes y visitantes.
Mojados y empapados, algunos ahogados o a
punto de.

Lenguas mordidas, sueños incompletos,
pasaportes sellados, ajados, rancios, como mi
"Speech" al de "customs".

A ver que tal sale esta vez…
Al menos ahora no tengo vecinos, me
desparramare, en esta nave y en Chicago.

Soy una estrella.

Voy al Ross

Buscando, queriendo encontrar.
Pulsión de éxito pirata.
Tesoros, la lotería entre chucherías,
Que necesito poco y NECESITO. Como lo más.
Como señal divina.

Desde lo profundo del sin sentido diario. Jipiosa,
semi casposa.
"Inhalation" para sobrevivir
"Exhalation" que me enflaquece aun mas.

Pequeñas victorias de turista, entre pares de
acento común y centavos de vuelto extranjero.

    Resourceful…povera, tolouseano.

Buscando,
Deseando encontrar…
Cualquier cosa.
Por favor.

Tenis favoritos de mi hija.

    Putativo, miísimo.

Como Ross, como mi arte.

El iluminado

Cuando la incapacidad de cambio te cae como una
tonelada de ladrillos:

A) te vuelves cínico.
B) te vuelves el Buda.
C) te suicidas.

Pero tu cuchara no coge, tu tenedor no trincha y
tu cuchillo no corta.

En cualquier caso, agarras y te mueres.
¿Cómo muere lo que nunca vivió?

Por que lastimado

Me siento empachado de todo lo que NECESITO
COMER...

Dijo el que ayuna a diario.

> Quesque por que lastimado.

Me siento inspirado por todo lo que aun no
sucede.

Trabado y empujado.

> Quesque por que lastimado.

Alzado, emposmado, ensalzado, jamas rezado.

> Quesque por que lastimado.

¿Afinado, fino o finado?
¿Aburrido, burro o borrado?
¿Amarrado, marro o amorrado?

> Quesque... ya se la saben .

Me "coyaseo" el diablo.

En Chicago.
En el bar.
En lo mío.
De la nada.
De repente.

¡Me "coyaseo" el diablo!

No se que dijo pero le sonreí

Es que no le entiendo.
Y esta muy blanco.
Y yo muy incomodo.
Confundido, ilegal… mejor le sonrió.

(Pertenecer un minuto)

Sigo en lo mío.
En el limbo.

Empiezo a agarrarle gustillo

Empiezo a agarrarle gustillo al cómo dicen mi nombre.

carlous, carrrrrlos, klos, calos, calitos…

Siempre mejor que nino… ó "good for nothing son"

Descubrí que tengo un año menos

Me ayudaron a sacar cuentas para darme
cuenta.

Mis cercanos lo sabían…
Me costo creerlo…

No sabia que ese año extra pesaba tanto….

¡Cuánta materia puede tener un pensamiento, un
numero, un instante, un mes por venir!

Detengamos el tiempo.

Al menos dejaré de sumar.

¿Qué sería de mí?

Sin tres ríos.
Sin su muerte.
Sin India y diez años después.
Sin mi ex y diez años después.

Sin tanto naming, branding y websites…

Sin dislexia.

Sin esa bala.

Mi dislexia me salvo

Un día me quise matar y me salió al revés.

Deseo vivir.

Al rato se me pasa.

Bendita dislexia.

Si es gratis le meto

Los gringos aplican el 1,2 al chupar.
Cerveza y shot de whiskey.

Me parece barbárico, ofensivo, asqueroso…¡me caga!…pues.

El otro día pedí una cerveza y el barman me regalo un shot…

Me lo tomé.

¿Cómo llegue a aqui?

Una serie de circunstancias desafortunadas?
¿Decisión propia? ¿Buena suerte?

No encuentro como contar mi historia.

Re significándola constantemente, día tras día.
Cosa que me causa ansiedad.

¿Debería tenerlo claro?

42 años y contando…. Ah no 41

Seguimos continuando.

Cuchenedor.

Eso soy
No corto
No cojo
No pizco

Cucheneo.

Pero como ninguna otra herramienta conocida…

Soy el único, magnifico, nuevo y mejorado….

Cuchenedor.

Todos en Chicago

Todos en Chicago:
    Se drogan.
    Trabajan.
    Dobletrabajan.
    Hablan.
    Cuentan y critican.
    Comparan, venden y compran.

Nadie en chicago:
    Me conoce.

Expansión

Nada cambia mi mundo, nada influye, todo fluye.
Hippi de mierda.

Cuando me expando amo los pujidos del jabalí
lampiño sentado junto a mi.

Amo que mi barman sea güero.

Amo que mi existencia sea tan, más o menos
nada.

Si yo fuera tu

Y me escuchara tan, mi, mi, mi, mi…

Te preguntaría.

-¿Quién te invitó?
-¿Quién te pidió que arreglaras lo que no esta
roto?
-¿Quién te retiene?

Desarmado quedó…como cualquiera.

Ando en automatico

Lástima que no respeto los mínimos o ¿será
lastima?

¿Se romperá el carter?
¿Se desvielara el motor?
¿Quién podría saberlo?

                         No importa

Pues ando en automático.

Lástima que nací manual y nunca leí el libro…de
haberlo hecho definitivamente sería lastima.

Es que nadie es de aquí

Por eso, todos quieren ser el primero
        El mejor
            El más de aquí.
Pero de a *chente tus*, de finta.
A sus modos y maneras.
Gringo.

                    Dodge, jump, slide.
    Arriba, abajo, arriba, abajo, izquierda, derecha,
        izquierda, derecha, a,b,a,b, select, start.

Topes todo el tiempo.

Lo puedes ver clarito…de pena, de antojo.

De supervivencia.

De aquí.

Aun no se siente como hogar.

¿Será el idioma?
¿Serán mis ritmos?
¿Mis temperaturas?
¿Mi estructura ósea?

Juro que les amo, tanto que de repente no les
soporto.

Mas allá del leguaje.

Una vida, 1/4 enganchado, explorando, 1/4 en
contra, peleando, 1/4 "fluyendo", aletargado, 1/4
deconstruyendo.
4/4 incompleto, buscando…

Al final estas pasao…
PASADÍSIMO.

     No es competencia mama!
¿No?

Esto es puro
   ¡JA!
    ¡JA!
     ¡JA!

P.D:NO ME SACARON…YO ME FUI…O ME
QUEDÉ…O REGRESÉ.

¿CÓMO ERA?